ACADEMIE DE TOULOUSE

Département du Gers

CIRCONSCRIPTION DE MIRANDE

« Je ne cherche aux livres qu'à m'y
donner du plaisir par un honneste
amusement ».

MONTAIGNE.

CATALOGUE

DE LA

Bibliothèque Pédagogique

AUCH

Imprimerie F. COCHARAUX, 18, Rue de Lorraine, 18
1925

RENSEIGNEMENTS

I

Fonctionnement de la Bibliothèque

Les demandes d'ouvrages seront adressées en franchise à l'inspecteur primaire, avec, sur la bande du pli, la mention : « Service de la Bibliothèque pédagogique ».

Chaque demande portera l'indication de plusieurs ouvrages rangés par ordre de préférence. Pour chaque ouvrage on mentionnera la section et le numéro d'ordre. La durée du prêt est de *un mois*. Les ouvrages seront renvoyés par les lecteurs, soigneusement enveloppés et ficelés, en franchise, à l'Inspecteur primaire.

Durant les mois d'août et de septembre suspendre toute demande et tout retour de livres.

II

Prière, en quittant la Circonscription, de laisser le Catalogue à son successeur.

Catalogue des Ouvrages de la Bibliothèque

DE LA CIRCONSCRIPTION DE MIRANDE

SECTION I. — Pédagogie, Philosophie, Sociologie

N° d'ordre	AUTEURS	TITRE DE L'OUVRAGE
1	Abensour	Histoire générale du Féminisme.
2	Aulard	Science. — Patrie. — Religion.
3	Alengry	Psychologie.
4	d'Avenel	Paysans et Ouvriers.
5	André	Les Voyages, leur utilité dans l'éducation.
6	Ab-der-Haldein	Les Propos de M. Bonniel.
7	Bain	La Science de l'Education.
8	Berthelot	Science et Education.
9	A. Bertrand	L'Enseignement intégral.
10	id.	La Déclarattion des Droits de l'Homme.
11	A. Beaumier	Les plus détestables bonshommes.
12	A. Bayet	La Morale scientifique.
13	id.	Le Mirage de la Vertu.
14	Bayet et Albert	Les Ecrivains politiques, 18ᵉ, 19ᵉ siècles, 2 volumes.
15	Blum	Commentaire de la Déclaration des Droits.
16	Bonjean	Enfants révoltés et Parents coupables.
17	Boutroux	Etudes d'Histoire de la Philosophie.
18	Boutroux, Poincaré, etc.	Un demi-siècle de civilisation française, 1870-1913.
19	E. Boutroux	Questions de morale et d'éducation.
20	G. Bordon	L'Enigme allemande.
21	C. Bouglé	Qu'est-ce que la Sociologie ?
22	id.	La Sociologie de Proudhon.
23	id.	Solidarisme et Libéralisme.
24	Bouillot	Coopération de la Famille et de l'Ecole.
25	Lévi Bruhl	La Morale et la science des Mœurs.
26	Bourgeois	Education de la Démocratie.
27	Bergson	Matière et Mémoire.
28	id.	Essai sur les données immédiates de la Conscience.
29	Brémond	Lecture de Pédagogie pratique.
30	Bréal	Quelques mots sur l'instruction primaire.
31	Brisson	La Congrégation.
32	A. Binet	Idées modernes sur les enfants.
33	P. Bourget	Essai de Psychologie contemporaine (2 vol.)
34	H. Bérenger	Pour l'action nationale.
35	Buchner	Force et Matière.
36	Bourgain	Gréard, moraliste et éducateur.
37	J. Bouzon	La Législation de l'Enfance.
38	P. Beurdeley	L'Ecole nouvelle.

N° d'ordre	AUTEURS	TITRE DE L'OUVRAGE
39	Mᵐᵉ Carpentier	Cours ᵉd'éducation et d'instruction primaire.
40	Carré	Le Pédagogues de Port-Royal.
41	id.	Essai de pédagogie pratique.
42	Charbonnel	La Volonté de vivre.
43	Channing	De l'éducation personnelle.
44	Compayré	Critique des doctrines de l'Education.
45	id.	*Les Grands Educateurs* : Pestulozzi, Rousseau, Spencer.
46	Chasteau	Psychologie et Morale.
47	Carlyle	Les Héros.
48	Colani	Essai de critique philosophique.
49	Clemenceau	Au fil des jours.
50	id.	La mêlée sociale.
51	id.	Le grand pan.
52	Clemenceau-Jacquemaire	Les hommes de bonne volonté.
53	Châles	Paroles et Figures républicaines.
54	Cantecor	Kant.
55	Claparède	Psychologie de l'Enfant.
56	Champion	J.-J. Rousseau et la Révolution française.
57	J. Clouard	Les Disciplines.
58	Darmesteter	Mémoires et documents scolaires.
59	Dastre	La Vie et la Mort.
59 ᵇˢ	Decroly	Initiation à l'activité.
60	Dufrenne	Nouveau Cours de Pédagogie.
61	Déburny	Un pays de célibataires et de fils uniques.
62	O. Deschanel	Organisation de la Démocratie.
63	Delvolvé	Technique éducative.
64	Deville	Le capital de K. Marx.
65	Des Bomels	Introduction de la Psychologie.
66	De Paeuvv	La méthode Montessori.
67	Dugas	Psychologie du rire.
68	id.	Le Problème de l'Education.
69	Duproix	Kant-Fichte : Problème d'éducation.
70	Durckein	Les Règles de la méthode sociologique.
71	Dʳ Dubois	L'Education de soi-même.
72	Descartes	Discours de la Méthode.
73	Ch. Drouard	Féminisme et Education.
74	id.	Les Ecoles urbaines.
75	Dolidon	Education ménagères des jeunes fille.
76	Egger	Développement de l'Intelligence.
77	Eichtal	Socialisme. — Problèmes sociaux.
78	Erasme	Eloge de la Folie.
79	E. Faguet	Politiques et moralistes, XIXᵉ s. (3 vol.).
80	id.	Problèmes politiques.
81	id.	Questions politiques.
82	id.	Le culte de l'incompétence.
83	id.	En lisant Nietzche.

Nº d'ordre	AUTEURS	TITRE DE L'OUVRAGE
84	id.	L'Initiation philosophique.
85	M. Fauré	Pour l'université républicaine.
86	Mᵐᵉ J. Fabre	La morale de Plutarque.
87	Fénelon	L'Education des Filles.
88	Fleury	Le corps et l'âme de l'Enfant.
89	Fouillée	L'Enseignement au point de vue national.
90	id.	Psychologie du peuple français.
91	id.	Tempérament et Caractère.
92	id.	La France au point de vue moral.
93	id.	La Morale, l'Art, la Religion.
94	id.	La morale des idées forces.
95	Fontaine	Pour qu'on sache le français.
96	Fournière	Essai sur l'Individualisme.
97	Forfer	Causeries pédagogiques.
98	Fichte	Discours à la nation allemande.
99	Gal	Des faits à l'idée.
100	A. Gide	Prétextes (Morale et littérature).
101	Girard	La Langue maternelle.
102	Guyau	L'Irréligion de l'avenir.
103	id.	Education et Hérédité.
104	id.	L'Art au point de vue sociologique.
105	id.	Esquisse d'une morale sans obligation.
106	Ch. Gide	La Coopération.
107	id.	Les Sociétés coopératives.
108	Gréard	L'Education des femmes par les femmes.
109	F. Gache	Mères et Fils.
110	R. de Gourmont	La Culture des idées.
111	id.	Le Chemin de velours.
112	Gaultier	La Pensée contemporaine.
113	Gaufrès	Horace Mann.
114	Professeurs	Conférences du musée pédagogique.
115	id.	Morale religieuse et laïque.
116	Gros	Lakanal.
117	Hamaide	Méthode Decroly.
118	E. Herriot	La Russie nouvelle.
119	Mᵐᵉ Heurtefeu	Pour nos institutrices.
120	P. Janet	Les Maîtres de la Pensée moderne.
121	Jacob	Pour l'Ecole laïque.
122	id.	Devoirs.
123	J. Jaurès	L'Armée nouvelle.
124	Joly	Psychologie comparée de l'homme et de l'animal.
125	Jost	Le Congrès des instituteurs allemands.
126	Keynes	Les conséquences économiques de la paix.
127	F. Klein	Mon filleul au jardin d'enfants (2 vol.).
128	Kropotkine	La conquête du pain.
129	Mᵐᵉ Lampérière	Rôle social de la Femme.
130	P. Lasserre	La Morale de Nietzsche.

N° d'ordre	AUTEURS	TITRE DE L'OUVRAGE
131	Lacombe	Esquisse d'un enseignement basé sur la psychologie.
132	L. M.	Mémoires d'un vieil instituteur.
133	Labat	L'Ame paysanne.
134	Lebrun	Problèmes économiques de la guerre.
135	Léry	Les cordicoles.
136	Legrand	Code municipal.
137	Lebon	La Psychologie des foules.
138	La Rochefoucauld	Maximes.
139	Levasseur	Conférences d'instituteurs français.
140	Legouvé	Les pères et les enfants.
141	Liard	Pages éparses.
142	Lépine	La Mutualité.
143	Laisant	L'Education fondée sur la Science.
144	Le Dantec	Le Conflit.
145	id.	Influences ancestrales.
146	id.	Le déterminisme biologique.
147	id.	L'Individualité.
148	id.	Théories nouvelles de la vie.
149	id.	Les limites du connaissable.
150	Lysis	Pour renaître.
151	Lintilhac	Le Budget et la crise de l'instruction publique.
152	Marion	Phychologie de la Femme.
153	id.	L'Education des jeunes filles.
154	id.	L'Education dans l'Université.
155	Martin	L'Education du caractère.
156	id.	L'Education dans une république.
157	Malapert	Aux jeunes gens.
158	Montaigne	Essais (2 vol.).
159	Maeterlink	La Vie des Abeilles.
160	id.	Le Temple enseveli.
161	id.	Sagesse et destinée.
162	id.	L'intellignece des fleurs.
163	iad.	La Mort.
164	id.	L'Hôte inconnu.
165	id.	Les sentiers dans la montagne.
166	Michelet	Nos Fils.
167	id.	Le Peuple.
168	id.	Prêtre, femme et famille.
169	id.	L'Amour.
170	id.	La Femme.
171	E. Metchnikoff	Etudes sur la nature humaine.
172	Michaud	Anatole France.
173	Münch	Parents, professeurs d'aujourd'hui.
174	Marx et Engel	Manifeste communiste.
175	Montesquieu	L'Esprit des Lois.
176	Méline	Le Retour à la Terre.

N° d'ordre	AUTEURS	TITRE DE L'OUVRAGE
177	Marx-Baldwin	Le développement mental chez l'Enfant.
178	Nordau	Mensonges conventionnels de la Civilisation.
179	Nietzsche	Ainsi parlait Zarathoustra.
180	id.	Le gai savoir.
181	id.	Le crépuscule des idoles.
182	Ossip-Lourié	La philosophie de Tolstoï.
183	Paquier	L'enseignement professionnel en France.
184	Parodi	La philosophie contemporaine en France.
185	Paroz	Histoire universelle de la pédagogie.
186	Passy	L'instruction primaire aux États-Unis.
187	Pérez	L'Éducation morale dès le berceau.
188	Payot	L'éducation de la volonté.
189	id.	Cours de Morale.
190	id.	Aux Instituteurs, aux Institutrices.
191	Ch Péguy	Œuvres choisies.
192	id.	Notre jeunesse.
193	Peysonnié	La pratique de l'éducation scolaire.
194	C. Petit	De l'École à la cité.
195	Populo	Causeries pédagogiques.
196	Péron	Législation de l'Enseignement en Angleterre.
197	Poitrinal	Comment enseigner le français à l'école primaire.
198	F. Pécaut	Études sur l'éducation nationale.
199	id.	Deux mois de mission en Italie.
200	id.	L'Éducation publique et la vie nationale.
201	id.	Quinze ans d'éducation.
202	id.	En marge de la pédagogie.
203	Pécaut et Baude	L'Art.
204	Pinloche	Pestalozzi et l'éducation primaire.
205	H. Poincaré	Dernières pensées.
206	R. Poincaré	Idées contemporaines.
207	E. Quinet	Histoire de mes idées.
208	id.	L'esprit moderne.
209	id.	Extraits.
210	Mme E. Quinet	La France idéale.
211	F. Queyrat	La logique chez l'Enfant.
212	F. de Rousiers	Le trade-unionisme en Angleterre.
213	Rouch	L'expérience morale.
214	P. Régnier	L'Ouvrier agricole.
215	G. Renard	Le régime socialiste.
216	Ch. Renouvier	Manuel républicain de l'homme et du citoyen.
217	id.	Les derniers entretiens.
218	Ribot	Psychologie de l'attention.
219	id.	Les maladies de la volonté.
220	id.	Les maladies de la mémoire.
221	de Rocquigny	Les syndicats agricoles.

N° d'ordre	AUTEURS	TITRE DE L'OUVRAGE
222	Rollin	Traité des études.
223	Rousselot	L'Ecole primaire. — Essai de Pédagogie.
224	Roosevelt	La vie intense.
225	Rousseau	Le Contrat Social. — Emile.
226	Rabelais	Gargantua et Pantagruel.
227	Renan	L'avenir de la Science.
228	E. Rod	Le sens de la vie.
229	Roume	La parole et les troubles de la parole.
230	Y. Sarcey	La route du bonheur.
231	Schopenhauer	Pensées et fragments.
232	M. Sembat	Faites un roi : sinon faites la paix.
233	G. Séailles	Les affirmations de la conscience moderne.
234	Spencer	Faits et commentaires.
235	id.	De l'Education.
236	Souquet	Les écrivains pédagogiques au XVIᵉ siècle.
237	J. Simon	L'Ecole.
238	id.	Le Devoir.
239	id.	La Femme au XXᵉ siècle.
240	Stuart-Mill	L'Utilitarisme.
241	Siegfried	La Démocratie en Nouvelle-Zélande.
242	Schumacher	Le Féminisme aux Etats-Unis.
243	J. Steeg	L'Honnête homme.
244	Taine	Philosophie de l'Art (2 vol.).
245	Tarde	Les lois sociales.
246	Thamin	Education et positivisme.
247	B. Thompson	Le Système Taylor.
248	Thomas	La suggestion. — Son rôle en éducation.
249	id.	Education des sentiments.
250	id.	Dissertation pédagogique.
251	Dʳ Toulouse	La question sexuelle.
252	id.	Les Leçons de la Vie.
253	id.	Comment former un esprit.
254	Thouverez	Eléments de Morale.
255	E. Vandervelde	Le Collectivisme et l'évolution industrielle.
256	Vessiot	De l'Education à l'Ecole.
257	id.	De l'Enseignement à l'Ecole.
258	id.	Pages de Pédagogie.
259	Vigouroux	L'Evolution sociale en Australasie.
260	Vial	Condorcet et d'éducation démocratique.
261	Wagner	La vie simple.
262	id.	Jeunesse.
263	id.	Auprès du foyer.
264	Waldeck-Rousseau	Pour la République.
205	L. Zanta	Psychologie du Féminisme.
266	Ziegler	La question sociale.
267	id.	L'Educateur moderne (1911).

SECTION II. — Critique, Théâtre, Poésie

N° d'ordre	AUTEURS	TITRE DE L'OUVRAGE
1	Augier	Théâtre (7 volumes).
2	id.	Le gendre de M. Poirier.
3	id.	Le Fils de Giboyer.
4	Albalat	L'Art d'écrire.
5	id.	Comment il faut lire les auteurs classiques.
6	Albert	La poésie.
7	Ancey	Ces Messieurs.
8	Baudelaire	Fleurs du Mal.
9	Beaumarchais	Théâtre.
10	Th. de Banville	Choix de poésies.
11	H. Bataille	La Vierge folle.
12	id.	La Femme nue. — Poliche.
13	id.	Les Sœurs d'amour.
14	id.	Le Phalène.
15	H. Bernstein	Samson.
16	L. Beunier	Visages de femmes.
17	Brunetière	Les époques du théâtre français.
18	id.	Etudes critiques (1 et 2).
19	H. Becque	Théâtre.
20	H. de Bornier	La Fille de Roland.
21	Le Breton	Le roman français au XIXᵉ siècle.
22	Brieux	Les Remplaçantes.
23	id.	Les Avariés.
24	id.	La Robe rouge.
25	Capus	La Veine.
26	F. Coppée	Pour la couronne.
27	id.	Fais ce que dois.
28	Le Cardonnel	Poèmes.
29	A. Chénier	Poésies.
30	Corneille	Le Cid.
31	id.	Œuvres choisies.
32	Chateaubriand	Textes choisis et commentés (2 vol.).
33	Doumic	Etudes sur la littérature française.
34	Donnay	L'Autre danger.
35	Dumas (fils)	Le demi-monde.
36	id.	Le fils naturel.
37	id.	Francillon.
38	Diderot	Le neveu de Rameau.
39	Ph. Duffour	Paris pittoresque et poétique.
40	Escoubes	Préférences.
41	E. Faguet	Etudes littéraires (4 volumes).
42	id.	En lisant les beaux vieux livres.
43	E. Fabre	Les ventres dorés.
44	Fontenelle	Textes choisis et commentés (2 vol.).
45	P. Fort	Ballades françaises.
46	J. Germain	Théâtre des familles : Rôles enfantins.
47	id.	Théâtre des familles : Rôles masculins.

N° d'ordre	AUTEURS	TITRE DE L'OUVRAGE
48	id.	Théâtre des familles : Rôles mêlés.
49	Guyau	Vers d'un philosophe.
50	F. Gregh	La Beauté de vivre.
51	Ch. Guérin	Le semeur de cendre.
52	id.	Le cœur solitaire.
53	J.-M. de Hérédia	Les Trophées.
54	P. Hervieu	Les tenailles.
55	id.	Le dédale.
56	Victor Hugo	Chants du Crépuscule.
57	id.	Odes et Ballades.
58	id.	Les Contemplations.
59	id.	La Légende des Siècles.
60	id.	Les Voix intérieures.
61	id.	Les Châtiments.
62	id.	Napoléon le Petit.
63	id.	L'Année Terrible.
64	id.	Théâtre (2 vol.).
65	F. Jammes	Le Triomphe de la vie.
66	A. Klein	Diderot.
67	Lamartine	Jocelyn.
68	id.	Graziella.
69	id.	Premières méditations.
70	id.	Nouvelles méditations.
71	Lanson	Pages de Balzac.
72	id.	Choix de lettres (17e et 18e siècle).
73	E. Lavisse	Souvenirs.
74	Labiche	Théâtre (10 vol.).
75	Lavedan	Le Prince d'Aurec.
76	id.	Le Marquis de Priola.
77	id.	Le duel.
78	J. Lemaître	Les Contemporains (3 vol.).
79	id.	Impressions de théâtre (2 vol.).
80	id.	Conférences sur Racine.
81	id.	Conférences sur Rousseau.
82	id.	Les contemporains, 4e série.
83	id.	Les contemporains, 6e série.
84	La Bruyère	Caractères.
85	Leconte de Lisle	Poèmes barbares.
86	id.	Poèmes tragiques.
87	Laforgue	Poésies (1 et 2).
88	Manuel E.	Poèmes populaires.
89	id.	Les ouvriers.
90	Michelet	Ma jeunesse.
91	id.	L'oiseau.
92	Molière	Œuvres complètes (3 vol.).
93	id.	Les femmes savantes.
94	id.	Tartufe.
95	id.	L'Avare.

N° d'ordre	AUTEURS	TITRE DE L'OUVRAGE
96	Molière	Le Misanthrope.
97	Michaut	Pages de critique.
98	Maurellet	Vers l'idéal laïque et républicain.
99	O. Mirbeau	Les affaires sont les affaires.
100	id.	Les mauvais bergers.
101	id.	Le foyer.
102	J. Marsan	La bataille romantique.
103	J. Moréas	Poèmes et sylves.
104	A. de Musset	Poésies nouvelles.
105	Ctesse de Noailles	Les vivants et les morts.
106	id.	Les forces éternelles.
107	Pailleron	Le monde où l'on s'ennuie.
108	id.	La Souris.
109	id.	Le monde où l'on s'amuse.
110	Pellissier	Littérature et morale.
111	id.	Mouvement littéraire contemporain.
112	Péladan	Sémiramis.
113	L. Payen	Le collier des heures.
114	M. Prévost	Le livre épique.
115	de Porto-Riche	Amoureuse. — L'Infidèle.
116	H. de Régnier	La cité des eaux.
117	Racine	Œuvres complètes.
118	id.	Esther.
119	id.	Andromaque.
120	Renard	Poil de Carotte.
121	Renan	Souvenirs d'enfance.
122	id.	Drames philosophiques.
123	id.	Vie de Jésus.
124	Reboux et Muller	A la manière de...
125	J.-J. Rousseau	Extraits.
126	id.	Confessions.
127	Régnard	Le légataire universel.
128	Rabelais	Œuvres.
129	Richepin	Par le glaive.
130	id.	La Chanson des gueux.
131	id.	Le Chemineau.
132	E. Rostand	Cyrano de Bergerac.
133	id.	L'Aiglon.
134	id.	Chantecler.
135	Jehan Rictus	Les soliloques du pauvre.
136	Samain	Aux flancs du vase.
137	id.	Le Chariot d'or.
138	V. Sardou	Patrie.
139	id.	La famille Benoiton.
140	Sully-Prudhomme	Le prisme. — Le bonheur.
141	id.	Les épreuves. — Les solitudes.
142	F. Sarcey	Journal de jeunesse.

N° d'ordre	AUTEURS	TITRE DE L'OUVRAGE
143	Souvestre	Causeries littéraires. — XIXe siècle.
144	Stapfer	Récréations grammaticales.
145	A. de Vigny	Poésies.
146	id.	Théâtre.
147	id.	Grandeur et servitude militaire.
148	Voltaire	Zadig.
149	id.	L'Ingénu.
150	id.	Le siècle de Louis XIV.
151	Verlaine	Choix de poésies.
152	E. Verhaeren	Les villes tentaculaires.
153	id.	Choix de poèmes.
154	Walch	Anthologie des poètes français contemporains.

Auteurs étrangers

N° d'ordre	AUTEURS	TITRE DE L'OUVRAGE
1	Aristophane	Œuvres complètes.
2	D'Annunzio	Les victoires mutilées.
3	Dante	L'Enfer.
4	Euripide	Théâtre.
5	Eschyle	Tragédies.
6	Gœthe	Werther et Faust.
7	H. Heine	Poèmes et légendes.
8	Ibsen	Les revenants.
9	id.	Solmess le constructeur.
10	id.	Per-Gynt.
11	Selma Lagerlöff	Les liens invisibles.
12	Maeterlinck	Monna-Vanna.
13	id.	Ariane et Barbe-Bleue.
14	Plutarque	Vie des Grecs illustres.
15	Pétrarque	Lettres de Vaucluse.
16	Shakespeare	Chefs d'œuvres.
17	Tolstoï	La puissance des ténébres.

N° d'ordre	AUTEURS	TITRE DE L'OUVRAGE
1	E. About	Germaine.
2	id.	Le roman d'un brave homme.
3	id.	Le roi des montagnes.
4	Adam	La force.
5	id.	La ville inconnue.
6	id.	L'enfant d'Austerlitz.
7	id.	Le Trust.
8	id.	Le mystère des foules.
9	J. Aicard	L'âme d'un enfant.
10	id.	Benjamine.
11	Albalat	Marie.
12	Andrée et Violis	Puycerrampion.
13	C. Anet	Petite ville.
14	id.	Quand la terre tremble.
15	Marie Audoux	Marie-Claire.
16	A. Arnoux	Abisag.
17	P. Acker	Le soldat Bernard.
18	Balzac	Eugénie Grandet.
19	id.	Le cousin Pons.
20	id.	Le père Goriot.
21	id.	La peau de chagrin.
22	id.	Le chef-d'œuvre inconnu.
23	id.	Le médecin de campagne.
24	Maurice Barrès	Les Déracinés.
25	id.	Le Jardin de Bérénice.
26	id.	Sous l'œil des barbares.
27	id.	Colette Baudoche.
28	id.	Les Amitiés françaises.,
29	id.	Du sang, de la volupté, de la mort.
30	id.	Le Jardin sur l'Oronte.
31	M. Barrière	L'éducation d'un contemporain.
32	id.	Le roman de l'ambition.
33	id.	Les ruines de l'amour.
34	René Bazin	La sarcelle bleue.
35	id.	La terre qui meurt.
36	id.	Le blé qui lève.
37	id.	Les Oberlé.
38	id.	Une tâche d'encre.
39	A. Beaunier	Le sourire d'Athéna.
40	Béranger	L'effort.
41	P. Benoît	Mademoiselle de La Ferté.
42	id.	Pour Don Carlos.
43	id.	Kœnigsmark.
44	id.	La Chaussée des Géants.
45	id.	L'Atlantide.
46	id.	Le lac salé.
47	H. Bordeaux	La peur de vivre.
48	id.	La robe de laine.

N° d'ordre	AUTEURS	TITRE DE L'OUVRAGE
49	H. Bordeaux	Yamilé sous les cèdres.
50	id.	La Maison.
51	id.	La neige sur les pas.
52	P. Bourget	La terre promise.
53	id.	Le Disciple.
54	id.	Outre-Mer.
55	id.	Cosmopolis.
56	id.	Cruelle énigme.
57	id.	L'émigré.
58	Bertrand	Le sang des races.
59	id.	Gaspard de la nuit.
60	Ab. Braz	Le gardien du feu.
61	id.	Au pays des pardons.
62	id.	Contes du soleil et de la brume.
63	id.	Ames d'Occident.
64	P. Brûlat	L'étoile de Joseph.
65	S. Barranx	La Daüne.
66	id.	L'Abbé Ramel.
67	T. Bernard	Un mari pacifique.
68	E. Bergerat	Trente-six contes de toutes les couleurs.
69	L. Bloy	Le désespéré.
70	M. Boulanger	Marguerite.
71	R. Boylesve	La leçon d'amour dans un parc.
72	Béraud	Le vitriol de lune.
73	id.	Le martyre de l'obèse.
74	Barbusse	Le feu.
75	id.	Clarté.
76	Bachelin	Le village.
77	Benjamin	Gaspard.
78	Bédier	Le roman de Tristan et Yseult.
79	Bois	Couple futur.
80	A. Brisson	Florise Bonheur.
81	J. Bender	L'Ordination.
82	A. Beaunier	L'homme qui a perdu son moi.
83	Chadourne	Terre de Chanaan.
84	id.	L'inquiète adolescence.
85	G. Chantepleure	Ma conscience en robe rose.
86	Carco	Bob et Bobette s'amusent.
87	id.	L'Homme traqué.
88	M. Chaumont	Le baiser suprême.
89	Jules Claretie	Le train 17.
90	Gaston Chérau	Monseigneur voyage.
91	A. Corthis	L'Entraîneuse.
92	Chateaubriant	M. des Lourdines.
93	id.	La Brière.
94	Courteline	Boubouroche.
95	D'Aurevilly	L'Ensorcelée.
96	A. Daudet	Le Petit Chose.

N° d'ordre	AUTEURS	TITRE DE L'OUVRAGE
97	A. Daudet	Jack.
98	id.	Sapho.
99	id.	Fromont jeune et Risler ainé.
100	id.	Les rois en exil.
101	id.	Le Nabab.
102	id.	Numa Roumestan.
103	id.	Trente ans de Paris.
104	id.	L'Immortel.
105	id.	Tartarin de Tarascon.
106	id.	Tartarin sur les Alpes.
107	id.	La petite paroisse.
108	id.	La Fédor.
109	id.	Le trésor d'Arlatan.
110	id.	Lettres de mon Moulin.
111	id.	Contes du Lundi.
112	id.	L'Evangéliste.
113	Léon Daudet	Les morticoles.
114	De Laclos	Les liaisons dangereuses.
115	A. Dumas fils	La Dame aux Camélias.
116	id.	La boîte d'argent.
117	Dériès	Le Journal d'une Institutrice.
118	Dorgelès	Saint-Magloire.
119	id.	Le cabaret de la belle femme.
120	id.	Le Réveil des Morts.
121	id.	Les Croix de bois.
122	G. Droz	Monsieur, Madame et Bébé.
123	id.	Tristesses et sourires.
124	Duchêne	France nouvelle.
125	F. Duchêne	Au pas lent des caravanes.
126	Delly	Le fruit mûr.
127	Dumur	Le boucher de Verdun.
128	G. Duhamelet	Les inépousées.
129	Estaunié	Le ferment.
130	id.	L'empreinte.
131	id.	L'ascension de M. Baslèvre.
132	id.	L'infirme aux mains de lumière.
133	R. Escholier	Cantegril.
134	M. Elder	Thérèse.
135	id.	Le peuple de la mer.
136	J. Fabre	Les Courbezon.
137	id.	Julien Savignac.
138	id.	L'abbé Tigrane.
139	id.	Mon oncle Célestin.
140	id.	Ma jeunesse.
141	id.	Le chevrier.
142	O. Feuillet	Le roman d'un jeune homme pauvre.
143	id.	M. de Camors.
144	Cl. Farrère	L'homme qui assassina.

N° d'ordre	AUTEURS	TITRE DE L'OUVRAGE
145	id.	Les civilisés.
146	id.	Mademoiselle Dax, jeune fille.
147	id.	Les petites alliées.
148	id.	Les hommes nouveaux.
149	G. Flaubert	Madame Bovary.
150	id.	Salammbô.
151	id.	Trois contes.
152	id.	Par les champs et par les grèves.
153	A. France	Histoire comique.
154	id.	Le livre de mon ami.
155	id.	Les opinions de Jérôme Coignard.
156	id.	Thaïs.
157	id.	Le lys rouge.
158	id.	Pierre Nozières.
159	id.	Le Crime de Sylvestre Bonnard.
160	id.	La Rôtisserie de la reine Pédauque.
161	id.	Crainquebille.
162	id.	L'Orme du Mail.
163	A. France	Le Mannequin d'osier.
164	id.	L'Anneau d'améthyste.
165	id.	M. Bergeret à Paris.
166	id.	Le Jardin d'Epicure.
167	id.	Sur la pierre blanche.
168	id.	Les dieux ont soif.
169	id.	Le petit Pierre.
170	id.	La vie en fleurs.
171	id.	Jacques Tournebroche.
172	id.	Les sept femmes de Barbe-Bleue.
173	Frapié	La Maternelle.
174	id.	L'Institutrice de province.
175	id.	La Proscrite.
176	id.	La Virginité.
177	Frappa	Les vieux bergers.
178	Fromentin	Dominique.
179	A. Fournier	Le grand Meaulne.
180	Th. Gautier	Le capitaine Fracasse.
181	id.	Jettatura.
182	id.	La vieux de la montagne.
183	Judith Gauthier	L'Inde éblouie.
184	Ch. Géniaux	Les forces de la vie.
185	Gobineau	Nouvelles asiatiques.
186	Geffroy	L'Apprentie.
187	id.	Cécile Pommier (T. 1 et 2).
188	Génevoix	Au seuil des guitounes.
189	A. Gide	La porte étroite.
190	Pernette Gille	Un amour.
191	de Gourmont	Le pèlerin du silence.
192	id.	Le songe d'une femme.

N° d'ordre	AUTEURS	TITRE DE L'OUVRAGE
193	de Gourmont	Une nuit au Luxembourg.
194	id.	Couleurs.
195	id.	Les chevaux de Diomède.
196	id.	Un cœur virginal.
197	J. Germain	Pour l'amour de Genièvre.
198	de Glouret	France.
199	de Goncourt	Germinie Laverteux.
200	id.	Renée Mauperin.
201	de Granvilliers	Le prix de l'homme.
202	Grimpret et Vair	Etudiantes.
203	Halévy	Criquette.
204	id.	L'Invasion.
205	id.	L'Abbé Constantin.
206	id.	Monsieur et Madame Cardinal.
207	Hervieu	Peints par eux-mêmes.
208	Hermant	Confession d'un homme d'aujourd'hui.
209	id.	Heures de guerre de la famille Valandier.
210	id.	Les Transatlantiques.
211	J. Huysmans	Là-bas.
212	id.	En route.
213	id.	La Cathédrale.
214	Myrriam Harry	La petite fille de Jérusalem.
215	id.	Daàh le premier homme.
216	L. Hémon	Maria Chapdelaine.
217	id.	La belle que voilà.
218	Victor Hugo	Notre-Dame de Paris.
219	id.	Les Misérables.
220	id.	Quatre-vingt-treize.
221	F. Jammes	Le rosaire au soleil.
222	id.	Le roman du lièvre.
223	Ed. Jaloux	L'incertaine.
224	id.	Les sangsues.
225	id.	L'école des mariages.
226	A. Lafon	L'élève Gilles.
227	Lavergne	Jean Coste.
228	id.	Monsieur le Maire.
229	Lavedan	Les sacrifices.
230	Lemonnier	Le vent dans les moulins.
231	Lesueur	Nietzschéenne.
232	id.	Calvaire de femme.
233	G. Lecomte	Hannetons de Paris.
234	id.	La lumière retrouvee.
235	Le Queux	Le ministre du mal.
236	Leroux	Léon Chatry, instituteur.
237	Ch. Le Goffic	Le crucifié de Kéraliés.
238	P. Louys	Sanguines.
239	id.	Les Chansons de Bilitis.
240	Lichtenberger	La petite sœur de Trott.

N° d'ordre	AUTEURS	TITRE DE L'OUVRAGE
241	Lichtenberger	Petite madame.
242	id.	Le petit roi.
243	P. Loti	Le roman d'un spahi.
244	id.	L'Inde.
245	id.	Ramuntcho.
246	id.	Pêcheur d'Islande.
247	id.	Mon frère Yves.
248	id.	Au Maroc.
249	id.	Reflets sur la sombre route.
250	id.	Les Désenchantées.
251	id.	Le désert.
252	id.	Jérusalem.
253	id.	Madame Chrysanthème.
254	id.	Le château de la Belle au Bois dormant.
255	id.	Le Pèlerin d'Angkor.
256	Maël	Mer sauvage.
257	id.	Le torpilleur 29.
258	G. Maupassant	Une vie.
259	id.	Fort comme la mort.
260	id.	Boule-de-suif.
261	id.	Pierre et Jean.
262	id.	Le Horla.
263	id.	La petite Roque.
264	id.	Clair de lune.
265	id.	Bel ami.
266	id.	Miss Harriett.
267	Mathiex	La folie d'aimer.
268	X. de Maistre	Œuvres.
269	H. Malot	Micheline.
270	id.	Zite.
271	P. et V. Marguerite	Poum.
272	id.	Zette.
273	id.	La force des choses.
274	id.	Ma grande.
275	id.	Le prisme.
276	id.	Les deux vies.
277	id.	Prostituée.
278	id.	Le désastre.
279	id.	Les tronçons du glaive.
280	id.	Les braves gens.
281	id.	La commune.
282	id.	La tourmente.
283	id.	L'essor.
284	id.	Vanité.
285	id.	La Poste des neiges.
286	id.	Les fronti.res du cœur.
287	id.	L'embusqué.
288	id.	Jouir (Tomes 1 et 2).

N° d'ordre	AUTEURS	TITRE DE L'OUVRAGE
289	A. de Musset	Nouvelles.
290	id.	Contes.
291	id.	Confession d'un enfant du siècle.
292	Muhfeld	L'Associée.
293	P. Mille	Caillou et Titi.
294	id.	La détresse des Harpagons.
295	Maillet	Sous le fouet du destin.
296	H. Malherbe	La flamme au poing.
297	R. Maran	Batouala.
298	Andrée Mars	Tu aimeras dans la douleur.
299	Dr Monin	Pour le beau sexe.
300	A. Maurois	Ariel.
301	Maeterlinck	L'oiseau bleu.
302	J. Morel	Feuilles mortes.
303	Mirbeau	La 628—E-8.
304	id.	Le Calvaire.
305	id.	Le Jardin des supplices.
306	id.	La pipe de cidre.
307	Moselly	Le Rouet d'ivoire.
308	id.	Terres lorraines.
309	id.	Jean des brebis.
310	J. Moréas	Contes de la vieille France.
311	J. Nérel	Ma sœur Monique.
312	G. Ohnet	Le Maître de forges.
313	id.	Serge Panine.
314	M. Prévost	Lettres à Françoise.
315	id.	Lettres à Françoise mariée.
316	id.	Lettres de femmes.
317	id.	Nouvelles lettres de femme.
318	id.	Le jardin secret. — Chonchette.
319	id.	Monsieur et Madame Moloch.
320	id.	Les vierges fortes.
321	id.	Les demi-vierges.
322	id.	L'adjudant Benoît.
323	id.	Dernières lettres de femme.
324	id.	Les anges gardiens.
325	id.	Les don Juanes.
326	Abbé Prévost	Histoire de Manon Lescot.
327	L. Pergaud	De Goupil à Margot.
328	id.	La revanche du corbeau.
329	E. Pouvillon	Jean de Jeanne.
330	de Pomairols	Le repentir.
331	F. Plessis	Le chemin montant.
332	Pérochon	Nêne.
333	id.	Les creux-de-maison.
334	Picard	La confession du chat.
335	Parmentier	L'Ouragan.
336	de Pesquidoux	Chez-nous.

N° d'ordre	AUTEURS	TITRE DE L'OUVRAGE
337	Ch.-L.Phillipe	Bubu de Montparnasse.
338	Wallery-Radot	Pour la terre de France.
339	Rosny	La vague rouge.
340	id.	La charpente.
341	id.	Vamirch.
342	id.	La guerre du feu.
343	id.	L'énigme de Givreuse.
344	Rosny jeune	Sépulcres blanchis.
345	Le Roy	Le Moulin du Frau.
346	id.	Jacquou le Croquant.
347	E. Rod	Le glaive et le bandeau.
348	id.	La vie privée de Michel Tessier.
349	id.	Les roches blanches.
350	de Robert	Le roman du malade.
351	Reboux	La maison de danse.
352	Rivet	Le dernier Romanoff.
353	G. Reval	La bachelière.
354	id.	Lycéennes.
355	id.	Un lycée de jeunes filles.
356	id.	Les sévriennes.
357	Rhaïs	Saada.
357	id.	Le café chantant.
358	Renard	Histoires naturelles.
359	id.	Ragotte.
360	J. Richepin	L'aile.
361	id.	Myarka, la fille à l'ours.
362	H. de Régnier	La pécheresse.
363	id.	La flambée.
364	M. Regnaud	Le moulin sur la Soufroide.
365	Isabelle Sandy	Andorra.
366	J. Segeret	Paul le Nomade.
367	A. Savignon	Les filles de la pluie.
368	Schuré	Les grands initiés.
369	Schutz	La neuvaine de Colette.
370	Séverine	Line.
371	G. Sand	François le Champi.
372	id.	Les Maîtres sonneurs.
373	id.	Indiana.
374	id.	Le Marquis de Villemer.
375	de Staël	Corinne.
376	id.	Delphine.
377	Samain	Contes.
378	Stendhal	De l'amour.
379	id.	Le rouge et le noir (tomes 1 et 2).
380	J.-J. Tharaud	La maîtresse servante.
381	id.	Dinley, l'illustre écrivain.
382	A. Theuriet	La chanoinesse.
383	id.	Tante Aurélie.

N° d'ordre	AUTEURS	TITRE DE L'OUVRAGE
384	id.	L'Amie de Noël Trémont.
385	id.	Chantereine.
386	M. Tinayre	La maison du péché.
387	id.	La rebelle.
388	id.	La rançon.
389	id.	L'ombre de l'amour.
390	id.	La veillée des armes.
391	id.	Perséphone.
392	G.-A. Thrrin	La fresque de Pompéï.
393	V. Thomson	Chérubin et l'amour.
394	C. Vautel	Mon curé chez les riches.
395	id.	Les folies bourgeoises.
396	P. Villetard	M. Bille dans la tourmente.
397	id.	Les poupées se cassent.
398	de Vogué	Les morts qui parlent.
399	id.	Le roman russe.
400	id.	Jean d'Agrève.
401	id.	Le Maître de la Mer.
402	Colette	Princesse de Science.
403	id.	Les dames du palais.
404	id.	La vagabonde.
405	id.	La maison de Claudine.
406	id.	L'entrave.
407	id.	L'envers du music-hall.
408	id.	Nitsou.
409	id.	La pension du Sphinx.
410	Léon Werth	La maison blanche.
411	Walloton	Les loups.
412	id.	Le doute plus fort que la mort.
413	X	Ce que mes jolis yeux ont vu.
414	id.	Les propos d'Alain.
415	Zamacoïs	Redites-nous quelque chose.
416	E. Zola	La Terre.
417	id.	Germinal.
418	id.	Le Rêve.
419	id.	La Débâcle.
420	id.	Lourdes.
421	id.	Rome.
422	id.	Paris.
423	id.	Fécondité.
424	id.	Travail.
425	id.	Vérité.

Auteurs étrangers

N° d'ordre	AUTEURS	TITRE DE L'OUVRAGE
1	d'Annunzio	Le triomphe de la mort.
2	id.	L'enfant de volupté.
3	id.	Le feu.

N° d'ordre	AUTEURS	TITRE DE L'OUVRAGE
4	Dostoeiweski	Le double.
5	id.	Un adolescent.
6	Eliot	Le Moulin sur la Floss.
7	id.	Adam Bede.
8	Fogazzaro	Le Saint.
9	id.	Un petit monde d'autrefois.
10	Gœthe	Werther.
11	Gogol	Les âmes mortes.
12	M. Gorki	Les vagabonds.
13	Hoffmann	Contes fantastiques.
14	B. Ibanès	Dans l'ombre de la Cathédrale.
15	Ibsen	Les revenants. — Maison de poupée.
16	R. Kipling	Le Livre de la Jungle.
17	id.	Le deuxième Livre de la Jungle.
18	id.	La cité de l'épouvantable nuit.
19	Kropotkine	Mémoires.
20	Lagerloff	Jérusalem en Dalécarlie.
21	id.	Le merveilleux voyage de Nils. Holgerson.
22	id.	Le livre des légendes.
23	Larreta	La gloire de don Ramire.
24	Lord Lytton	Les derniers jours de Pompéï.
25	Marlitt	La seconde femme.
26	Sienkiewitz	Quo-Vadis.
27	Sudermann	L'indestructible passé.
28	id.	Le Cantique des cantiques.
29	Tolstoï	Résurrection.
30	id.	Nouvelle vie.
31	id.	Mémoires.
32	id.	Anna Karénine.
33	id.	La sonate à Kreutzer.
34	id.	Le roman du mariage.
35	Thackeray	La foire aux vanités (tomes 1 et 2).
36	Wells	La guerre des mondes.
37	id.	La machine à explorer le temps.

SECTION IV. — Histoire et Géographie

N° d'ordre	AUTEURS	TITRE DE L'OUVRAGE
1	Aulard	Histoire politique de la Révolution.
2	Colonel Boucher	La France victorieuse de la guerre de demain.
3	L. Blanc	Histoire de la Révolution (12 vol.).
4	Barré	L'architecture du sol de la France.
5	Baker	L'Afrique équatoriale.
6	Barthou	Mirabeau.
6 bis	Barine	La jeunesse de la Grande Mademoiselle.
7	V. Bérard	La Révolte de l'Asie.
8	id.	L'Empire Russe et le Tzarisme.
9	Général Berthaut	L'Erreur de 1914.
10	Bienstock	Raspoutine.
11	Bonnechose	Lazare Hoche.
12	Bourrilly	Les cahiers de l'instruction publique en 1789.
13	Blanchard	Grenoble. — Etude de géographie urbaine.
14	Claretie	La France envahie.
15	de Coulanges	La cité antique.
16	Dontenville	Napoléon Ier.
17	Delpech	La France sous la IIIe République.
18	Démangeon	La Picardie.
19	Durruy	Notes et Souvenirs.
20	Dumazet	Voyage en France. — Gascogne.
21	Driault	La guerre d'Orient.
22	Derennes	Le pèlerin de Gascogne.
23	Freycinet	Souvenirs (2 tomes).
24	A. Ferry	La guerre vue d'en haut et d'en bas.
25	E. Ferry	La France en Afrique.
26	Funck-Brentano	Le drame des poissons.
27	Anatole France	Jeanne d'Arc (2 vol.).
28	Gebhart	L'Italie mystique.
29	id.	Au son des claches.
30	id.	Moines et papes.
31	Galtier	Etienne Dolet.
32	E. Grouard	La guerre éventuelle entre la France et l'Allemagne.
33	Gallouedec	Géographie de la France et des colonies.
34	Gay	La Bohême à vol d'oiseau.
35	J. Huret	Berlin.
36	Hanotaux	L'Energie française.
37	id.	La fleur des histoires françaises.
38	Jallifier	Histoire de France (4 vol.).
39	Lavallée	Histoire des François (6 vol.).
40	V. Lablache	Etats et nations de l'Europe.
41	Lebon	Cent ans d'histoire intérieure.
42	Lanier	L'Europe.
43	Lang	La pucelle de France.
44	Loliée	Le duc de Morny.

N° d'ordre	AUTEURS	TITRE DE L'OUVRAGE
45	Lenôtre	Vieilles maisons, vieux papiers.
46	E. Lavisse	Histoire de France (9 volumes).
47	Lefebvre	Les féodaux.
48	Luchaire	L'Université de Paris sous Philippe-Auguste.
49	Martonne	Traité de géographie physique.
50	V. Marguerite	Au bord du gouffre.
51	Ch. Maurras	Kiel et Tanger.
52	A. de Monaco	La carrière d'un navigateur.
53	Mignet	Histoire de la révolution française.
54	Michelet	Le Peuple.
55	Monod	Renan — Taine — Michelet.
56	Moulin	Les Marins de la République.
57	May	Traité de Francfort.
58	Mathiez	La Révolution et l'Eglise.
59	Nansen	Vers le pôle.
60	Niel	Géographie de l'Algérie (2 vol.).
61	de Pierrefeu	G. Q. G. (2 tomes).
62	Paléologue	Rome.
63	E. Quinet	La République.
64	Rambaud	Histoire de la civilisation française (2 vol).
65	id.	Histoire de la civilisation contemporaine.
66	Reinach	Discours (3 volumes).
67	Raffy	Grands faits de l'histoire de France.
68	Reclus	France et colonies.
69	Rey	Voyage d'études en Tunisie.
70	Rozan	Petites ignorances historiques.
71	Seignobos	Histoire politique de l'Europe.
72	Sorel	Lectures historiques.
73	id.	L'Europe et la révolution (8 vol.).
74	Schuré	Les grandes légendes de la France.
75	G. Sarrail	Mon commandement en Orient.
76	Tarsot	Scènes et vestiges du temps passé.
77	Tharaud	La tragédie de Ravaillac.
78	A. Thierry	Essai de l'histoire du Tiérs-Etat.
79	Taine	Origines de la France contemporaine (11 vol.).
80	Welchinger	Bismark.
81	P. Walle	Le Pérou économique.
82	Weterlé	Le professeur Kard Muller.

Histoire Locale

N° d'ordre	AUTEURS	TITRE DE L'OUVRAGE
83	Brégail	L'instruction primaire dans le Gers pendant la Révolution.
84	id.	F.-M. Lantrac.
85	id.	Girondins et Montagnards dans le Gers.
86	Cazauran	La voirie urbaine de Mirande.
87	Courteault	Blaise de Monluc, historien.
88	Ch. Samaran	D'Artagnan.

SECTION V. — Sciences, Hygiène, Agriculture, Arts

N° d'ordre	AUTEURS	TITRE DE L'OUVRAGE
1	d'Arzens	Initiation chimique.
2	Branly	Télégraphie sans fil.
3	Berget	Télégraphie sans fil.
4	Bonnier	Le monde végétal.
5	Bouvier	Habitudes et métamorphoses de l'insecte.
6	Chancrin	Chimie agricole.
7	id.	Viticulture moderne.
8	Chanteclaire	20 expériences de physique.
9	Coissac	Manifestation de l'énergie.
10	Coustet	Traité de photographie.
11	id.	Le cinéma.
12	Cointre, Rozès	Le livre de l'Agriculteur gascon.
13	Duroquier	L'amateur de T. S. F. (1924)
14	Du Sablon	L'unité de la science.
15	Fairfield Osborn	Origines et évolution de la vie.
16	Fabre	Souvenirs entomologiques (3 vol.).
17	id.	La vie des insectes.
18	id.	Mœurs des insectes.
19	id.	Les merveilles de l'instinct chez les insectes.
20	id.	Les théories d'Einstein.
21	Flammarion	La pluralité des mondes habités.
22	id.	Initiation astronomique (1 et 2).
23	Fonsagrives	Hygiène de la maison.
24	Fréchon	Composition décorative.
25	Galtier-Boissière	Hygiène nouvelle.
26	Gauthier	Les Grands artistes.
27	Guénot	La genèse des espèces animales.
28	Gohin	Buffon.
29	Guillaume	Initiation à la mécanique (1 et 2).
30	Hébert	Education physique.
31	Laisant	Initiation mathématique.
32	Marie	La locomotive à vapeur.
33	Maigne	Dictionnaire des inventions et découvertes.
34	M. Maugeret	La science à travers champs.
35	Moreux	D'où venons-nous ?
36	id.	Où allons-nous ?
37	id.	Qui sommes-nous ?
38	Moll-Weiss	La pratique ménagère.
39	id.	Les écoles ménagères.
40	id.	Le livre du foyer.
41	Marche-Bertin	Le Bébé.
42	Muller	La machine à vapeur.
43	Parmentier	Les noyers et les corya.
44	Reclus	Les mers et les météores.
45	id.	Les continents.
46	Riant	Hygiène scolaire.

N° d'ordre	AUTEURS	TITRE DE L'OUVRAGE
47	Reinach	Contre l'alcoolisme.
48	Soddin	Le radium.
49	Soleil, Bonnefoy	Le livre des paysans.
50	Viardot	La sculpture.
51	D' Valude	L'œil.
52	id.	Le bon jardinier.
53	id.	L'arbre et l'eau.

SECTION VI. -- Divers et Périodiques

1	Acollas	Notions de droit usuel.
2	Dupuy	Conférences pour les adultes.
3	Gérard	Traité d'aquarelle.
4	Patissié	Initiation à la composition décorative.
5	Viardot	Merveilles de peinture (2 vol.).
6	id.	Merveilles de la sculpture.

Revues Diverses

Revue du mois (1908-1909-1910).
La Revue (1911-1912).
Questions modernes (1911-1912).
Revue des Deux-Mondes (1923).
Revue scientifique (1922-1923).
Revue pédagogique.
Bulletin de l'Université de Toulouse (*Abonnement en cours*).

www.ingramcontent.com/pod-product-compliance
Lightning Source LLC
LaVergne TN
LVHW020631180726
843502LV00006B/1979